BEI GRIN MACHT SICH IHR
WISSEN BEZAHLT

Sportmarketing in Vereinen. SWAT-Analyse, Merchandising und Licensing, Digitalisierung und Sponsoring

Christian Bürkel

Bibliografische Information der Deutschen Nationalbibliothek:

Die Deutsche Nationalbibliothek verzeichnet diese Publikation in der Deutschen Nationalbibliografie; detaillierte bibliografische Daten sind im Internet über http://dnb.d-nb.de abrufbar.

ISBN: 9783346316073
Dieses Buch ist auch als E-Book erhältlich.

Druck und Bindung: Books on Demand GmbH, Norderstedt Germany
Gedruckt auf säurefreiem Papier aus verantwortungsvollen Quellen

Das vorliegende Werk wurde sorgfältig erarbeitet. Dennoch übernehmen Autoren und Verlag für die Richtigkeit von Angaben, Hinweisen, Links und Ratschlägen sowie eventuelle Druckfehler keine Haftung.

Das Buch bei GRIN: https://www.grin.com/document/957959

Deutsche Hochschule für
Prävention und Gesundheitsmanagement
Hermann Neuberger Sportschule 3
66123 Saarbrücken

Einsendeaufgabe

Fachmodul: Sportmarketing

Studiengang: Sportökonomie

**Datum
Präsenzphase**: 28.10. – 31.10.2019

Name, Vorname: Bürkel, Christian

Inhaltsverzeichnis

1 SWOT-Analyse

1.1 Stärken

In folgender Tabelle werden die Stärken der TSG Hoffenheim aufgezeigt.

Tab. 1: Stärken der TSG Hoffenheim (eigene Darstellung)

Stärken		
PreZero Arena	**Jugendbereich**	**Sportlicher Erfolg**
Der Tribünenbereich der PreZero - Arena umfasst 30.150 Plätze. Es gibt Ticketing-Automaten, Kioske, Fankneipen und und einen angesehenen VIP-Bereich. In den Katakomben finden sich Funktionsräume, Catering-Umkleiden, Arrestzellen für Randalierer, Spielerkabinen, ein Wellness-Bereich und eine Warmmachhalle wieder. Videowände, Soundanlagen, Flutlicht, hochmoderne Technikräume, Rasenheizung, ein ausgiebiger Medienbereich, Werbebanden mit LED-Technik ergänzen die Rhein-Neckar-Arena ausgiebig. Dazu kommen die Dachkonstruktion und die Fassade aus Glas und Steckmetallgittern, was die Arena insgesamt zu einem hochmodernen Stadion machen. Das Stadion ist somit ein Schmuckstück des Fußballvereins und bietet Komfort und eine hohe Funktionalität. (Achtzehn99, 2019)	In mittlerweile drei Zentren fördert die TSG Akademie der Sinsheimer Nachwuchstalente in ihren Eliteschulen sowohl sportlich als auch schulisch. Das Grundlagenzentrum kümmert sich um die U12 und U13. Die Akademie-Arena betreut die U14, U15 und U16. Im Leistungszentrum werden U17 und U19 betreut und ausgebildet. Diese gezielt professionelle Ausbildung bildet den Grundstein für eine positive Entwicklung im Profibereich. Der Verein kann davon nur profitieren, wenn die Leistungsträger in den eigenen Reihen aufwachsen. Die Akademie wurde vom DFB und der DFL mit der Höchstwertung von drei Sternen ausgezeichnet. (Görlich & Mayer, 2018, S.20) Die Zusammenarbeit mit dem Verein „Anpfiff ins Leben" vermittelt hohe Kompetenz als auch viel Erfahrung, sodass die Jugendspieler auch ihr persönliches, schulisches Potenzial ausschöpfen und somit einen guten Bildungsabschluss erzielen. Somit werden allen Jugendspielern mehr als eine Perspektive aufgezeigt.	Betrachtet man die vergangenen Spielzeiten, so wird die sportliche Weiterentwicklung deutlich. In den vergangenen Spielzeiten beendete Hoffenheim die Bundesliga immer in der oberen Hälfte und konnte in den Spielzeiten 2017/2018 und 2016/2017 unter den Top vier Klubs in Deutschland die Saison beenden. Somit wurden die Saison 2017/2018 als Europa-League-Teilnehmer und 2018/2019 als Champions-League-Teilnehmer gestartet und auch auf internationaler Ebene war die TSG Hoffenheim vertreten. (Transfermarkt, 2019).

1.2 Schwächen

In der folgenden Tabelle werden die Schwächen der TSG Hoffenheim aufgezeigt.

Tab. 2: Schwächen der TSG Hoffenheim (eigene Darstellung)

Schwächen		
Abhängigkeit Dietmar Hopp	**Image**	**Ausweitung der Marke**
Es können Finanzierungs- und Liquiditätslücken bei Wegfall der finanziellen Unterstützung durch Dietmar Hopp auftreten. Er besitzt einen hohen Gesellschaftsanteil (96%). Mit diesem hohen Anteil der Stimmrechte kann man von einer Abhängigkeit sprechen.	Das Image der TSG Hoffenheim ist in der Bundesliga nicht das Beste. Der Verein wird hauptsächlich mit der Investition von Dietmar Hopp in Verbindung gebracht. Parallelen zwischen Manchester City und Roman Arkadjewitsch Abramowitsch sind in den Köpfen der Deutschen und somit auch die Frage „Ist Erfolg käuflich?".	Neben dem sportlichen Wettbewerb wird die Kommerzialisierung und Professionalisierung ebenfalls auf die wirtschaftliche Ebene ausgeweitet. Vereine bestreben die Ausgaben zu senken und die Einnahmen zu erhöhen. Marketing spielt somit eine zentrale Rolle, steht immer stärker im Fokus und ist ein fester Bestandteil von strategischen Überlegungen eines Klubs der Fußball-Bundesliga. Durch die Emotionalisierung des Fußballs ist die Marketingherausforderung enorm hoch. Die Marke der TSG Hoffenheim baut sich nur langsam auf. Dadurch begründet, dass der Verein erst seit 2008 in der Bundesliga vertreten ist, ist er weit davon entfernt, ein Traditionsverein im Fußball darzustellen.

1.3 Chancen

In der folgenden Tabelle werden die Chancen der TSG Hoffenheim aufgezeigt.

Tab. 3: Chancen der TSG Hoffenheim (eigene Darstellung)

Chancen		
Ausbau sportlicher Erfolg	**Migrations- und Fluchtpolitik in der Welt**	**„Erlebnis Fußball"**
Durch sportlichen Erfolg und damit auch das Auftreten in internationalen Wettbewerben kann der Bekanntheitsgrad des TSG Hoffenheim steigen. Die Einnahmen der internationalen Wettbewerbe sind als deutlich höher anzusehen und hier gibt es die Möglichkeit die Marke und den Verein weiter bekannt zu machen.	Durch eine Zuwanderung von Geflüchteten und Migranten können neue talentierte Jugendspieler gewonnen werden. Die Jugendspieler können in den eigenen Reihen ausgebildet und professionell betreut werden.	Wird der Fußball als Gesamterlebnis vermarktet und mit Entertainment / Side-Events oder Familienevents verknüpft, so lassen sich hier neue Zielgruppen (Frauen und Kinder) erschließen. In der heutigen Zeit hat das Erleben und die Teilnahme an Events ein hohes Ansehen in der Gesellschaft und somit kann durch die Emotionalisierung des Fußballs in der Gesellschaft einiges bewirkt werden.

1.4 Risiken

In der folgenden Tabelle werden die Risiken der TSG Hoffenheim aufgezeigt.

Tab. 4: Risiken der TSG Hoffenheim (eigene Darstellung)

Risiken		
Demografischer Wandel	**Wirtschaftlichkeit**	**Fußball in Deutschland**
Durch dem demografischen Wandel ist die Gewinnung jugendlicher Leistungssportler immer schwieriger. Dazu kommt der Rückgang an Kindern und Jugendlichen. Ein klassisches Vereinsproblem stellt die Gewinnung insgesamt von Kindern und Jugendlichen dar, die eine Begeisterung am Sport finden.	Der wirtschaftliche Erfolg des Vereins ist immer abhängig von sportlichen Erfolgen. Bleiben diese Erfolge aus, verliert auch der Verein an Fans, liquiden Mitteln und Ansehen. Durch die hohe Belastung der Spieler in mehreren Wettbewerben steigt auch parallel das Verletzungsrisiko und somit die Spielqualität der TSG Hoffenheim.	Die Fußballsituation in Deutschland ist durch das Vorrundenaus der Deutschen Nationalmannschaft bei der WM 2018 in Russland als schwierig zu bezeichnen. (Mkhail & Müller, 2018) Der Fußballsport insgesamt steht zusätzlich in keinem guten Licht mit der Vergabe der kommenden WM nach Katar. Nachhaltigkeit, immer wiederkehrende Finanzbeträge und utopische Ablösesummen einzelner Spieler lassen viele an der Authentizität der Sportart zweifeln. Durch die vielen Einflüsse kann es zu einer geringeren Nachfrage des Fußballsports in Deutschland kommen.

1.5 Matrixdarstellung

In der folgenden Tabelle sind die vier verschiedenen Strategien der SWOT Analyse aufgezeigt.

Tab. 5: SWOT-Matrix der TSG Hoffenheim (eigene Darstellung)

TSG Hoffenheim		**Interne Analyse**	
		Stärken	**Schwächen**
		- PreZero Arena - Jugendbereich - Sportlicher Erfolg	- Abhängigkeit Dietmar Hopp - Ausweitung der Marke - „Image" in der Bundesliga
Externe Analyse	**Chancen** - Ausbau sportlicher Erfolg - Migrations- und Fluchtgeschehen - „Erlebnis Fußball"	Stärken-Chancen (S-O-Strategie): 1. Mit gezielten Strategien und dem Werben einer hochwertigen und qualitativ ansprechenden Ausbildung im Nachwuchsbereich, und ein eventueller Ausbau der bereits bestehenden TSG Akademie lassen sich junge Spieler und auch junge Migranten für den Nachwuchssport gewinnen. 2. Durch das Fördern der Jugendspieler, den qualitativen Ausbau der Ausbildung junger Talente und die Übernahme des „Eigengewächses" in die Profimannschaften bringt sportliche Qualität mit sich. Dieser kann sich entweder in sportliche Erfolge entwickeln oder zu Transfereinnahmen führen.	Schwächen-Chancen (W-O-Strategie): 1. Durch Talentförderung, die Übernahme von „Eigengewächs" und in der Breite besser werden den Mannschaft kann der sportliche Erfolg ausgebaut werden. Somit können Mediengelder, Transfergelder und Einnahmen in vielen Wirtschaftszweigen erwirtschaftet. Somit sind weitere Gelder von Dietmar Hopp nicht notwendig. Zusätzlich wird das Image und Ansehen in der Bundesliga verbessert.

		Interne Analyse	
		Stärken	**Schwächen**
TSG Hoffen-heim		- PreZero Arena - Jugendbereich - Sportlicher Erfolg	- Abhängigkeit Dietmar Hopp - Ausweitung der Marke - „Image" in der Bundesliga
			2. Wird das Erlebnis „Fußball" genutzt für Events, um insgesamt die Kunden und Fans auf der emotionalen Ebene weiter anzusprechen und die Zielgruppe zu erweitern, so lässt sich die Marke TSG Hoffenheim weiter ausbreiten. Auch das Aufnehmen von jungen Talenten mit möglichem Migrationshintergrund sind für das Image und die Marke eine gute Publicity.
	Risiken - Demografischer Wandel - Wirtschaftlichkeit - Fußball in Deutschland	Stärken-Risiken (S-T-Strategie) 1. Durch die moderne Arena und den Verkauf eines Erlebnisses, verbunden mit Qualität des Sports und Qualität des Services kann der Rückgang am generellen Interesse des Fußballsports abgefangen werden. Das hohe Potential an Qualität muss stärker an den Kunden gebunden werden. Man muss den Kunden emotional binden um ihn nicht zu verlieren. Die Infrastruktur und sportlichen Möglichkeiten bieten genau hierfür die notwendigen Grundvoraussetzungen. Diese müssen erkannt und umgesetzt werden. 2. Mit einer professionellen Jugendarbeit setzt man ein Beispiel für andere Vereine um den Nachwuchs im eigenen Land zu fördern. Junge, deutsche Talente können in der nationalen Ebene mit berücksichtigt werden, sodass auch die deutsche Nationalmannschaft wieder Erfolge feiern kann. Hier setzt der eigene sportliche Erfolg den Grundstein für den Erfolg des Nationalteams. Das Einberufen von eigenen Talenten der TSG Akademie wirkt sich positiv auf die Marke, Fördermittel, zusätzliche Einnahmen und das Image aus.	Schwächen-Risiken (W-T-Strategie) 1. Gezielte Businesspläne mit gezielten Meilensteine müssen eine Grundlage für die finanzielle Unabhängigkeit darstellen, sodass jeder Beteiligte weiß in welche Richtung es geht. An welchen Kosten gespart werden muss und es müssen versteckte Einnahmequellen ausfündig gemacht werden. So ist man nicht abhängig von Faktoren, auf welche man keinen direkten Einfluss hat, wie zum Beispiel der sportliche Erfolg der deutschen Nationalmannschaft und das damit verbundene Interesse am Fußballsport in Deutschland 2. Mit gezielten Marketingstrategien und Zielgruppenanalysen kann verhindert werden Fans und Kunden zu verlieren. Das Initiieren von regionalen und gemeinnützigen Projekten kann zu Aufmerksamkeit führen. Zusätzlich gilt es national aber auch international den Bekanntheitsgrad zu steigern.

2 Merchandising und Licensing

2.1 Wer

Der Volleyballverein ist aufgrund seiner Größe und seiner bereits 30 jährigen Geschichte grundsätzlich in der Lage das komplette Merchandising in Eigenregie durchzuführen. Betrachtet man die 100.000 Einwohner, sowie die bereits bestehenden Kooperationen, so steckt ein großes Potential im Merchandising und einer daraus resultierender Umsatzgenerierung. Der Volleyballverein wird demnach das Merchandising in kompletter Eigenregie durchführen, sodass Kosten für externe Firmen oder Partner ausbleiben. Durch die selbst beschriebene sportliche, freundliche und familiäre Beschreibung sind der direkte Vertriebsweg und die eigene Zusammenstellung des Fanartikelsortiments zielführend und authentisch. Ebenso die eigens geführten Distributionswege spiegeln die genannten Werte wieder, sodass eine Ausgliederung von Teilfunktionen nicht in Frage kommt.

2.2 Was

Tab. 6: Preisübersicht (eigene Darstellung)

Sortiment	Artikel	Einkaufspreis	Verkaufspreis
Kernsortiment	Trikot	20,49€	39,00€
	Schal	3,99€	12,00€
	Jubiläumsangebot: Trikot & Schal		42,00€
Zusatzsortiment	Handtuch	2,49€	9,00€
	Trinkflasche	1,19€	3,00€
Randsortiment	Kaffeebecher	2,29€	6,00€
	Schlüsselanhänger	0,79€	2,00€

Das vom Volleyballverein angebotene Fanartikelsortiment lässt sich in drei Arten differenzieren.

Zum Kernsortiment gehören Produkte, welche zum aktiven Spielbesuch gehören. (Rohlmann, 2011, S.250). Der Fan bringt diese Artikel von sich aus mit. Das Zusatzsortiment beinhaltet separate Artikel, welche für spezielle Zielgruppen oder besondere Anlässe bestimmt sind. Zuletzt finden sich im Randsortiment sport- und clubferne Produkte.

Der Volleyballsport gehört zum Mannschaftssport, daher sind Produkte wie ein Trikot und ein Schal naheliegend. Diese beiden Produkte lassen sich dem Kernsortiment unterordnen. Das Trikot soll saisonunabhängig gestaltet sein und das 30-jährige Bestehen des Vereins wiederspiegeln. Somit ist man mit diesem Produkt saisonunabhängig und hat ein limitiertes Angebot für alle Zielgruppen geschaffen. Die Vereinsfarben (rot/weiß), das Vereinswappen, sowie ein Schriftzug „30-Jahre Volley-Leidenschaft" gestalten somit ein Produkt, welches einen primären Bezug zu jedem Spielgeschehen darstellt. Die Rückseite bleibt leer, um eventuelle Beflockungen und somit Zusatzverkäufe zuzulassen. Das Trikot gibt es in Kinder- und Erwachsenengrößen. Das zweite Produkt des Kernsortiments ist der Fan-Schal. Auch hier werden die Vereinsfarben und das Vereinswappen dargestellt, sowie ein kleiner Schriftzug, welcher dem Trikot gleicht. Der Schal wird in einer Einheitsgröße angeboten. Kauft der Kunde Trikot und Schal, gibt es einen Nachlass von ca. 20% auf die Gesamtsumme.

Das Handtuch und die Trinkflasche gehören zum Zusatzsortiment. Beide Produkte werden saisonunabhängig verkauft. Mit diesen beiden Produkten werden die aktiven Sportler oder diejenigen, die es noch werden wollen angesprochen. Sowohl das Handtuch als auch die Trinkflasche spiegeln die Vereinsfarben und das Vereinswappen wieder. Hier wird jedoch auf die Jubiläumsschrift verzichtet, somit zielt man auf höhere Verkaufszahlen des Kernsortiments ab.

Um alle Zielgruppen anzusprechen bietet man mit dem Randsortiment zwei Produkte an, welche im Alltag repräsentiert werden können. Der Kaffeebecher und der Schlüsselanhänger sind Gegenstände die jede Zielgruppe täglich gebrauchen kann. Der Kaffeebecher ist ein Thermobecher mit Vereinswappen. Der Becher und dazugehörige Deckel zeigen die Vereinsfarben auf. Der Schlüsselanhänger besteht aus deinem Band in den Vereinsfarben und einem dazugehörigen Edelstahlring.

2.3 Wem

Eine wichtige Rolle des Merchandisingkonzepts stellt die Zielgruppe dar. Hier wird in eine externe und eine interne Zielgruppe unterschieden (Rohlmann, 2011, S.43)

Die interne Zielgruppe im Volleyballverein lässt sich in Mitglieder, Mitarbeiter und ehrenamtliche Mitarbeiter einteilen. Alle genannten Personengruppen haben eine hohe Affinität zum Sport, speziell zum Volleyballsport. Durch das Aufstellen von acht Mannschaften hat der Verein definitiv einen Schwerpunkt auf dem sportlichen Spielbetrieb.

Zur externen Zielgruppe gehören in erster Linie Fans. Familien der Spieler und bereits bestehende Kooperationspartner (z.b. Schul-AGs) sind ebenfalls dieser Zielgruppe zuzuordnen. Hier steckt das Potential, diese in die interne Zielgruppe abzuholen. Bei der externen Zielgruppe steht nicht der Spielbetrieb an erster Interessenstelle, sondern die Identifikation zur Tradition des Vereins, die Unterstützung der internen Zielgruppe und der familiäre Bezug zu einem gemeinnützigen Verein

2.4 Bedingungen

Die Preisbildung ist der essentielle Part des Merchandisingkonzepts. Mit hohen Umsatz- und Gewinnzahlen kann der Verein investieren und weiter wachsen und somit seine Ziele, wie z.B. die Jugendförderung weiter verfolgen.

Zur Preisbildung stehen grundsätzlich vier preispolitische Strategien zur Verfügung (Rohlmann, 2011, S.254)

Da es sich um einen sportlichen, freundlichen und familiären Verein handelt, kommt die Marktpreisstrategie in Frage. Es sollen weder hohe Preise (Premiumpreispolitik), sukzessive Preissenkungen (Abschöpfungspreispolitik) noch Massenmärkte (Penetrationspreispolitik) verfolgt werden. Es werden demnach keine extreme Abweichungen nach oben oder unter zugelassen und somit ein wettbewerbsfähiger Angebotspreis angeboten. Man möchte im Verein langfristige Ziele verfolgen, welche die drei genannten Werte wiederspiegeln und somit seinen Zielgruppen faire Angebote präsentieren.

Das bereits aufgezeigte Jubiläumsangebot wird durch ein weiteres ergänzt. Bei einem Einkauf, der über 45€ liegt, erhält der Kunde ein Artikel des Randsortiments seiner Wahl kostenfrei hinzu.

2.5 Kanäle

Bei den Vertriebswegen lassen sich zwei Wege unterscheiden. Durch die Größe des Vereins und das Marktpotential der angebotenen Produkte werden alle Möglichkeiten des

Eigenvertriebs genutzt. Sowohl stationäre Verkaufsstellen, als auch mobile Verkaufsstellen und Versandhandel werden voll ausgeschöpft.

Auf dem Vereinsgelände im weitläufigen Außenbereich wird in einem separaten Fanshop, welcher in die Gastronomie mit eingegliedert ist, betrieben. An Spieltagen des Volleyballvereins wird zusätzlich ein mobiler Verkaufsstand aufgebaut. Der Kunde hat im Onlineshop jederzeit die Möglichkeit Artikel zur Abholung zu bestellen oder sich nach Hause liefern zu lassen. Zusätzlich gibt es die Möglichkeit bei Kooperationen direkt Artikel bei den Verantwortlichen des Vereins zu erwerben.

2.6 Begleitmaßnahmen

In der heutigen Zeit führt kein Weg an Social-Media vorbei. Der Verein besitzt bereits eine Facebook- und Instragramseite. Hier werden regelmäßige Posts, Videos, Bilder und Links an alle Follower kommuniziert. Das 30-jährige Jubiläum wird zusätzlich als digitale Veranstaltung angepriesen mit direkter Auflistung der Merchandising-Artikel. Zusätzlich gibt es ein digitales Gewinnspiel, sodass die Reichweite insgesamt erhöht werden kann. Um auch die Generation ohne Social-Media anzusprechen gibt es eine Sonderausgabe der Vereinszeitschrift. Diese wird vier Monate lang vor dem Jubiläum alle 14 Tage an den Spieltagen ausgelegt und an gezielte Adressen versendet. Hier wird gesondert auf das Jubiläum und deren Angebote hingewiesen.

2.7 Zeitraum

Insgesamt wird ein Zeitraum von zwölf Monaten (im Jubiläumsjahr) geplant. Durch mögliche Vorbestellungen von saisonspezifischen Produkten aber auch einem großen Angebot von saisonunabhängigen Produkten lässt sich sowohl die Bestellung als auch der Verkauf als übersichtlich darstellen. Durch angestrebte hohe Verkaufszahlen lassen sich möglicherweise Preisrabatte im Einkauf erzielen um die Gewinnmarge höher zu gestalten. Gezielte Werbung, bestehende Kooperationen und die sicherlich hohe Mund-zu-Mund-Propaganda in einer Stadt von 100.000 Einwohnern lassen den Umsatz und auch den Gewinn sicherlich sehr hoch ausfallen. Sollten saisonspezifische Produkte nicht verkauft werden können, dienen diese als Geschenke oder Spenden für Kinder-und Jugendprojekte. Die Produktpalette der saisonunabhängigen Produkte können nach einem umfangreichen Controlling sicherlich ausgebaut werden. Somit lassen sich nach einem erfolgreichen Aufbau des Merchandising weitere Felder wie komplementäre Geschäftsfelder, Fanprojekte oder Partnerpolitiken implementieren. Zu beachten gilt jedoch, dass weiter die sportliche, freundliche und vor allem familiäre Vereinsstruktur zu jederzeit bestehen bleibt.

3 Digitalisierung

3.1 Vorstellung des Jugendorientierten Verein

Die dargestellte Tabelle stellt einen jugendorientierten Triathlon-Verein dar.

Tab. 7: Jugendorientierter Verein (eigene Darstellung)

Vereinsangebot (Kernangebot des Vereins)	Der Tri-Club e.V. bietet Triathlonsport an. Es werden alle drei spezifischen Sportarten (Schwimmen, Radfahren, Laufen) angeboten. Zusätzlich werden Angebote wie Mentaltraining, Stabilisationstraining und Wettkampftraining angeboten. Der Verein bietet Mitgliedern die Möglichkeit von der Sprintdistanz bis hin zur Langdistanz eine Komplettbetreuung und ist somit für Breiten- als auch für Leistungssportler ausgerichtet.
Mitgliederzahl	Der Tri-Club e.V. hat 1100 Mitglieder. Davon 250 weibliche und 850 männliche Mitglieder. Die Altersstruktur umfasst sich von 12 bis 59 Jahre. Der Schwerpunkt liegt in der Altersklasse 14 – 28 Jahre.
Anzahl bezahlter Mitarbeiter	Es gibt insgesamt 7 Trainer, welche auf 450€ Basis die verschiedenen Trainingsangebote anbieten. Die Trainer besitzen mindestens die C-Lizenz der jeweiligen Sportart.
Anzahl ehrenamtlicher Mitarbeiter	Insgesamt gibt es 45 ehrenamtliche Mitarbeiter. Diese unterstützen die Trainer in ihren Abläufen, sind für Wettkampforganisation und Vereinsfeste zuständig. Zusätzlich werden Trainingslager organisiert und veranstaltet.

3.2 Zielgruppen und Marketingziele

Die „Tri-Time-App" ist für alle bereits vereinsangehörigen Sportler und Helfer, als auch für (Neu-) Sponsoren. Ziele sind ganz klar durch Kennzahlen definiert: spezifisch, messbar, attraktiv, realistisch und terminiert. Somit lassen sich folgende Ziele ableiten.

Tab. 8: Marketingziele (eigene Darstellung)

Zielgruppe	Marketingziel
Vereinsangehörige Sportler und Helfer	Reduzierung der Vereinsaustritte von 7,5% auf 4 % innerhalb der nächsten 12 Monate
	Steigerung der Beteiligung an Wettkämpfen, Vereinsfesten, Tag der offenen Tür und Stadtfesten von 45% auf 60% innerhalb der nächsten 24 Monate
(Neu-) Sponsoren	Neugewinnung von fünf zusätzlichen Sponsoren innerhalb der nächsten 18 Monate
	Bindung der bereits bestehenden Sponsoren und Erhöhung der gesponserten Geldleistung um 5 % innerhalb der nächsten 12 Monate.

3.3 Inhalt der App

Tab. 9: Inhalt der App (eigene Darstellung)

Themen	Mehrwert für den Kunden	Mehrwert für den User
Newsroom des Vereins (Darstellung von aktuellen Themen, Wettkampfergebnissen / Aktuelles aus dem Triathlonsport)	- Präsenz von aktuellen Terminen: hohe und einfache Erreichbarkeit von Mitgliedern (Marketinginstrument) - Bild und Videomaterial für Verknüpfung von Social-Media Kanälen - Vereinsorganisation in digitaler Version vereinfacht Mitgliederbetreuung und Mitgliederinformation	- „rund um die Uhr-Information" über das aktuelle Geschehen des Vereins - vereinfachte Teilnahme an Terminen - Kontakt zu Verantwortlichen, Kontakt zu anderen Mitgliedern deutlich erleichtert - einfache Informationsgewinnung des Triathlonsports (fördert eigene Trainingsmotivation) - Sponsoren können gezielt werben, sich integrieren und Teil der Community werden
Forum: Erfahrungsaustausch / Materialleihe	- Ansprüche der Mitglieder erkennen - Profi-Tipps für Anfänger - Anfänger für den Sport begeistern und Hilfestellung in jeder Art - genaue Analyse möglich, welche Themen für die Mitglieder wichtig sind und in Angeboten vertieft werden können - Neumitgliedergewinnung	- Stärkung interner Kommunikation - Stärkung der Triathlon-Community - Expertenmeinungen immer zugänglich - Austausch über neues Material, Fachspezifischer Austausch des sehr umfangreichen Sports - Sponsoren können den Bedarf der Sportler einfach ermitteln und darauf reagieren
Trainingsplanung / Kalenderfunktion	- Hohe Trainingsbeteiligung - spontane Absagen möglich (Wetter / Krankheit) - spontane Verlegung, spontaner Trainerwechsel möglich - Mögliches Hinzufügen von Zusatztraining (Wechselzone, Mentaltraining, Wettkampfernährung)	- Vermeidung von Missverständnissen - ganzjähriger Überblick über die Angebote - spezielle Trainingseinheiten können abgestimmt werden - Optimierung des Zeitmanagements - Platzierung gezielter Sponsormaßnahmen, abgestimmt auf die gezielte Planung des Vereins und der Sportler möglich
Individuelle Trainingsplangestaltung	- Weitergabe von Fachwissen an Sportbegeisterte - externe „Nicht-Vereinsmitglieder" können angeworben werden - Lobby für Leistungssportler und Profis - Plattform für Messwerte - Erfahrungsaustausch - Wettkampfauswertung	- alle Zielgruppen werden angesprochen - individuelle Trainingsplanerstellung von „Profis" - Kompatibel mit Tracking-/Sportuhren -gezielte Trainingssteuerung - messbare Trainingssteuerung

3.4 Chancen und Risiken der App

Die Einführung der Tri-Time-App bringt folgende Chancen und Risiken mit sich.

In der heutigen Zeit ist die Nutzung eines Smartphones und somit die Nutzung einer App nichts Untypisches mehr. Gerade die Zielgruppe der Triathleten ist in Form von Digitalisierung weit vorne. Jeder Lauf wird aufgezeichnet. Die Trainingssteuerung findet digital statt und automatische Wochen- und Monatsübersichten lassen den Abgleich mit dem Trainingsplan einfach gestalten. Selbst die Schwimmeinheiten werden mit aufgenommen um eine genaue Trainingsauswertung verfolgen zu können. Die Tachos an den High-Tec

Rädern sind via Bluetooth direkt mit den Smartphones verbunden und jeder ambitionierte Triathlet genießt die Zeit der Trainingsauswertung um auf das zu schauen was man in der vergangen Woche, dem vergangen Monat geleistet hat und ob der aktuelle Trainingszustand mit den Zielen weiterhin kompatibel ist. Triathleten stehen auf Digitalisierung. Triathleten sind meistens Individualsportler, somit ist die Bereitstellung der Tri-Time-App eine gefundene Plattform für jeden Individualsportler. Jeder Triathlet bringt viel Erfahrung mit, die es auszutauschen gilt. Die App bietet somit die Möglichkeit viele Erfahrungen zusammen zu bringen und somit das Interesse und die Begeisterung in diesem Sport weiter zur steigern. Für die hauptsächlich jungen Vereinsmitglieder spielt das Trainieren in Gruppen eine essentielle Rolle. Die Trainingsplanung und Trainingssteuerung über die App und der zusätzliche generalisierende Einfluss des Vereins auf das Training wirkt sich somit positiv auf die Trainingsbeteiligung aus. Der Austausch von Fotos und Videos ist in der heutigen Zeit via Snapchat, Instagram und Facebook unumgänglich. Mit Hilfe der Tri-Time-App können die jungen Mitglieder ihre Erfolge auf Wettkämpfen, ihre Trainingseinheiten oder ihre Besuche von Triathlon-Events mit allen Mitgliedern teilen und andere damit animieren und begeistern. Somit wird eine Interaktion aber vor allem eine Identifikation von allen Mitgliedern deutlich gesteigert. Arbeitsprozesse wie Trainingsplanung, Kalendereignisse müssen nicht mehr per Email-Verteiler versendet werden. Ein Blick in die App verrät den genauen Wochen-und Monatsüberblick. Spontane Änderungen werden per Push-Nachricht an alle Mitglieder kommuniziert, sodass die Informationsflussrate stets sehr hoch ist. Somit können Verwaltungsarbeiten, Marketingausgaben und Geldmittel zur Mitgliederbindung eingespart werden.

Die genannten Chancen der App bringen ebenfalls Risiken mit sich. Im Zeitalter des Datenschutzes muss hier sensibel gearbeitet werden. Der Verein darf ohne Einwilligung der dargestellten Personen zum Beispiel kein Bild- oder Videomaterial für die Öffentlichkeit zur Verfügung stellen. Hier muss sich zunächst die Einverständniserklärung der abgebildeten Personen eingeholt werden. Zusätzlich werden über dieses Medium viele personenbezogenen Daten (Ergebnisse von Wettkämpfen, Trainingsdaten der Nutzer, körperspezifische Daten, etc.) gespeichert und zum Teil offengelegt. Hier muss genauestens den Ansprüchen der DSGVO die notwendige Aufmerksamkeit geleistet werden. Allerdings sind diese Prozesse vorher genauestens zu durchleuchten, sodass es kein Hindernis, lediglich ein Risiko darstellt. Als Betreiber/Inhaber der App ist man für deren Inhalte verantwortlich. Ein weiteres Risiko ist der Kontrollverlust über die veröffentlichten Beiträge der Nutzer. Jedes angemeldete Mitglied kann in der App frei seine Meinung äußern und diese teilen. Zum Beispiel kann schnell ein „Shitstorm" entstehen. Die App bietet somit eine Plattform für Unzufriedene. Hier muss vom Verein rechtzeitig kontrolliert und agiert werden um proaktiv einzugreifen.

3.5 Möglichkeiten der Steigerung des Bekanntheitsgrades

Die App kann über die Online-Plattform und die Homepage verbreitet werden. Per QR-Code werden Besucher der Homepage direkt in den jeweiligen App-Store oder Play-Store geleitet um somit einfach zur App zu gelangen. Wichtig ist, dass die Homepage dafür auch eine Smartphone-Version bereitstellt. Zusätzlich werden Social-Media-Plattformen mit Links und Codes zu den App-Stores ausgestattet. Bereits bei der Anmeldung erhält jedes neue Mitglied einen Zugangscode für die Freischaltung der App. Sponsoren erhalten einen gesonderten Zugang direkt bei Vertragsabschluss.

Außerdem wird die App bei bestehenden Kooperationspartnern (Triathlon-Magazine, Schwimmvereine, Leichtathletikvereine und Radsportvereine) angeboten und beworben. Die bislang digital versendeten Trainingspläne und auf der Homepage veröffentlichen Trainingspläne, Wettkampfberichte und Eventberichte werden mit jeweiligen QR-Codes ausgestattet und aktiv von den Trainern beworben.

Die Beschreibung der Tri-Time-App wird vor Veröffentlichung von einem Experten so optimiert, dass sie bei der App-Store-Suche weit oben erscheint. Jedoch spielt eine weitere zentrale Rolle die Mund-zu-Mund-Propaganda der eigenen Vereinsmitglieder.

Attraktiv für die Neusponsorengewinnung ist lediglich das Anbieten dieser App um auf die Bedürfnisse des Sponsors bestens eingehen zu können.

4 Sponsoring

Die Lauf-Bar GmbH. ist ein Wirtschaftsunternehmen welches sich rund um das Thema Sporternährung, speziell im Ausdauerbereich wiederfindet.

4.1 Produkte

Die Lauf-Bar GmbH stellt Energieriegel, Energiedrinks und Energiegels her. Die Firma achtet hierbei auf eine biologische Herstellung, sowie nachhaltige Angebotsart. Neben dem Geschmack und Design sollen natürlich der Nährwert und die Energiebereitstellung die zentrale Rolle darstellen. Aufgrund von modernen Küchenherstellungsverfahren in Verbindung mit fermentieren und getrockneten Produkten werden bei diesen Produkten neue Sphären für die Sportler möglich gemacht. Die drei Produkte gibt es in verschiedenen Geschmacksrichtungen.

Tab. 10: Produktpalette (eigene Darstellung)

Produkt	Geschmacksrichtung
Energieriegel	Cranberry-Kokos
	Salzkaramell
Energiedrink	Stachelbeere
	Rhabarber-Zitronenmelisse
	Birne-Minze
Energiegel	Holunder-Kresse
	Heidelbeere

4.2 Zielgruppe

Die Zielgruppe sind Breiten- und Wettkampfsportler, die sich und ihrem Körper ergänzend zu ihrer Ernährung etwas Gutes tun wollen, den Körper mit ausreichend Energie versorgen wollen und während dem Wettkampf ein Geschmackserlebnis haben möchten. Die Laub-Bar GmbH ist ein Start-Up aus dem Bundesland Baden-Württemberg, hat jedoch in Deutschland und auch international eine sehr große potentielle Zielgruppe, da der Ausdauersport, speziell der Laufsport immer populärer wird. Zusätzlich spielen die Themen „Gesunde Ernährung" und Nachhaltigkeit eine immer wichtigere Rolle.

4.3 Distributionskanäle

Die Sporternährung der Lauf-Bar GmbH findet sich in vielen Sportläden in Baden-Württemberg wieder. Kleine individuelle Kunden, aber auch große Ketten wie Decathlon und Intersport haben bereits diese Artikel in ihrem Sortiment. Online können die Nahrungsergänzungsmittel bestellt und erworben werden. Hier ist auch eine Abnahme von größeren Mengen möglich. Die Abnahme von großen Mengen ist mit entsprechenden Rabatten verbunden. Auf regionalen und (mittel-)großen Lauf- und Sportevents gibt es einen Info-stand. Hier werden kleine Portionen zum Probieren angeboten um den Bekanntheitsgrad zu erweitern und um in die Köpfe potentieller Kunden zu kommen. Auf Lauf- und Sport-messen ist die Lauf-Bar GmbH stets vertreten. Bereits bei der Ausgabe der Startunterla-gen werden Flyer der Produktpalette mit verteilt.

4.4 Kommunikationsinstrument

Das junge Start-Up ist in den sozialen Medien ständig vertreten. Mit gezielten Hashtags und interessanten Foto- und Video-Posts wird ein großer Content erreicht. Auf der Home-page des Laufevents wird die Lauf-Bar GmbH erwähnt und dargestellt. Direktes Marke-ting wird mit Anzeigen in Vereinszeitschriften und Fachmagazinen betrieben. Zusätzlich ist die eigene Homepage ein allgegenwärtiges Marketinginstrument. Hier gibt es Infor-mationen, Bestellplattformen, sowie interne und externe Partner und Kooperationen rund um die Lauf-Bar GmbH. Sponsoring im kleineren Stil wird betrieben, wie zum Beispiel die Bereitstellung eines Trikotsatzes für kleine Vereine in der näheren Umgebung mit verbundener Abbildung der Firma auf diesen Trikots.

4.5 Festlegung der Ziele

Als Ausgangspunkt werden Marketing- und Kommunikationsziele festgelegt. Betrachtet man diese Festlegung genauer lassen sich ökonomische und psychologische Ziele heraus-filtern. Auf der kognitiven Ebene geht es dabei um die Marke des Unternehmens oder die einzelnen Produkte bekannter zu machen. Die Menschheit möchte im Sport etwas erle-ben, daher ist der Aufbau, die Pflege und Modifikation des Images der Lauf-Bar GmbH ein essentielles Kommunikationsinstrument im Bereich der affektiven Ziele. Die Kunden sollen Vertrauen in das junge Start-Up gewinnen.

Somit lassen sich folgende psychologische Ziele ableiten:

- Erhöhung des Markenbekanntheitsgrades von 35 % auf 60 % innerhalb der nächs-ten zwölf Monate.
- Herstellung von acht neuen B2B Kontakte nach Ablauf des Laufevents.

4.6 Schnittmengenanalyse

Zu der Zielgruppe der Lauf-Bar GmbH gehören ausdauerbegeisterte Breiten- und Leistungssportler. Das Geschlecht und das Alter der Zielgruppe spielt hier eine untergeordnete Rolle. Durch die Themen Nachhaltigkeit und Ökologischer Anbau werden zusätzlich die Gesundheit- und Umweltorientierten Kunden angesprochen. Betrachtet man die Zielgruppe des Laufevents, so gehören zu dieser Laufbegeisterte Personen im Radius von ca. 50 km des Austragungsortes. Sowohl Hobby- als auch Leistungssportler werden mit einem Halbmarathon und 10-km-Lauf angesprochen.

Die Zielgruppen überschneiden sich somit in fast allen Bereichen. Eine totale Deckung ist selten realisierbar, jedoch werden hier definitiv Synergieeffekte geschaffen, sodass sehr viele Teilnehmer des Laufevents ein großes Interesse an der Lauf-Bar-GmbH aufzeigen werden. Streuverluste gibt es fast keine, da zu einem Halbmarathon oder 10-km-Lauf eine entsprechende Ernährung essentiell ist. Natürlich gibt es Teilnehmer, die auf ihre eigene Verpflegung setzen, jedoch können auch diese mit entsprechenden Angeboten angesprochen werden und eventuell von der Qualität überzeugt werden.

4.7 Konkrete Sponsoring-Einzelmaßnahmen

Tab. 11: Einzelmaßnahmen (eigene Darstellung)

Maßnahme	Leistung Sponsor	Leistung Gesponserter
Verpflegung auf der Laufstrecke	Die Lauf-Bar-GmbH übernimmt die Verpflegung aller Teilnehmer an den vorgegebenen Verpflegungsstätten. Nach 5km, 11km und 17km gibt es ausreichend Energiedrinks, Energieriegel und Energiegels für alle Teilnehmer. Die Produkte werden kostenfrei zur Verfügung gestellt.	Der Veranstalter versichert der Lauf-Bar-GmbH, dass sie die einzige Firma ist, welche für die Verpflegungsstationen zuständig ist. Lediglich Wasser wird durch einen weiteren Sponsor bereitgestellt. Zusätzlich erhält die Lauf-Bar GmbH den Titel „Nutrition-Main-Sponsor" und wird in allen Ausschreibungen, Flyern, etc. als Haupt-Ernährungssponsor betitelt und dargestellt.
Informationsstand auf der Läufermesse	Die Lauf-Bar-GmbH wird an der Läufermesse einen Informationsstand mit der gesamten Produktpalette bereitstellen. Hier können sich Interessierte durch die Produkte durchprobieren und somit auf den Geschmack kommen. Der Infostand bietet eine optimale Plattform für weitere B2B- und B2C-Kontakte.	Der Veranstalter bietet der Lauf-Bar-GmbH eine kostenfreie Lobby um die Produkte zu bewerben. Als Haupt-Ernährungssponsor erhält die Lauf-Bar-GmbH einen großen Bereich im Zentrum der Messe. Außerdem nimmt der Veranstalter die Lauf-Bar-GmbH mit in die Messezeitschrift mit auf. Zusätzlich kann die Lauf-Bar-GmbH hier mit weiteren Geschäftspartnern in direkten Kontakt treten und eventuelle Kooperationen arrangieren. Zusätzlich wird der Geschäftsführer der Lauf-Bar-GmbH zu Presseterminen und Berichterstattungen mit eingeladen.
Starter-Paket für Startunterlagen	Die Lauf-Bar-GmbH stellt für jeden Teilnehmer ein kostenfreies Starter-Set zusammen. Dieses beinhaltet zwei Energieriegel, zwei Energiegels und ein	Der Veranstalter ermöglicht der Lauf-Bar-GmbH somit einen direkten Distributionsweg an alle Teil-

Maßnahme	Leistung Sponsor	Leistung Gesponserter
	Energiedrink. Dieses Paket wird jedem Teilnehmer bei der Ausgabe der Startunterlagen kostenfrei mitgegeben.	nehmer. Die Verteilung der Starter-Sets übernimmt der Veranstalter, die Lauf-Bar-GmbH stellt lediglich die Produkte zur Verfügung.
Verpflegung im Zielbereich	Die Lauf-Bar-GmbH stellt im Zielbereich Getränke und Energieriegel zur Verfügung. Jeder Teilnehmer kann im Zielbereich kostenfrei davon Gebrauch machen und sich nach der Anstrengung stärken.	Im Zielbereich werden vom Veranstalter viele Fotos von Zieleinläufen, glücklichen Finishern und Gruppenfotos geschossen. Hier ermöglicht der Veranstalter der Lauf-Bar-GmbH ebenfalls eine Lobby um sich zu präsentieren. Durch die Präsentation im Zielbereich mit Bannern, Werbebanden, etc. wird die Lauf-Bar-GmbH auf vielen Fotos mit zu erkennen sein.
Tombola und Stand auf der Läuferparty	Die Lauf-Bar-GmbH bringt sich im Sinne des Abendprogramms mit einer Tombola ein. Hier können Sachpreise der eigenen Produkte gewonnen werden. Zusätzlich können Eventgutscheine und persönliche Highlights verlost werden, wie z.B. die Namensgebung eines neuen Produktes oder das Gesicht einer neuen Werbekampagne der Lauf-Bar-GmbH.	Der Veranstalter ermöglicht der Lauf-Bar-GmbH weitere Distributionswege, den direkten Draht zu neuen potentiellen Kunden und die Teilnahem an einer großen Veranstaltung an welcher hauptsächlich Sportbegeisterte Personen und deren direktes Umfeld anwesend sind. Auch die Presse wird vertreten sein und den Haupt-Ernährungssponsor häufig erwähnen.

4.8 Erfolgskontrolle

Da es sich beim Sponsoring um eine wirtschaftliche Tätigkeit handelt, bedarf es einer Erfolgskontrolle. Diese hat nach dem Rationalprinzip oder ökonomischen Prinzip zu erfolgen. Betrachtet man die zuvor dargestellten psychologischen Ziele ist eine Effektivitätskontrolle maßgebend. Aufgrund der beschriebenen Einzelmaßnahmen wird im Nachgang die Zielerreichung gemessen. Hier kann der Erfolg durch Marktforschung und Befragungen gemessen werden. Somit ist es wichtig vor dem Sponsoring die Marktanteile und Bekanntheitsgrade zu kennen. Anschließend sollte in einem vorher festgelegten Zeitraum erneut eine Befragung durchgeführt werden. Hier geht es um den Bekanntheitsgrad, also das Image der Lauf-Bar-GmbH. Das Ziel der B2B- Kontakte kann einfach dargestellt werden, da es sich hier um eine realistische Zahl handelt. Zuletzt kann anhand einer Effizienzkontrolle ermittelt werden, ob Kosten und Nutzen in einem guten Verhältnis stehen.

5 Literaturverzeichnis

Achtzehn99. (2019) *Neues Denken für ein sauberes Morgen,* Zugriff am 08.11.2019. Verfügbar unter https://www.achtzehn99.de/tsg/der-club/medien/downloadbereich/arena/

Görlich, M. & Mayer, J. (2018). Falldarstellung: TSG 1899 Hoffenheim – Herkunft und Strategie. In Landwehr, R. & Mayer, J. (Hrsg.), *People Analytics im Profifußball. Wirtschaft – Organisation – Personal.* Wiesbaden: Springer Fachmedien.

Mikhail, J. & Müller, O. (2018). *Was das Vorrundenaus für die Bundesliga bedeutet.* Zugriff am 01.11.2019. Verfügbar unter https://www.welt.de/sport/fussball/wm-2018/article178441078/WM-2018-Pleite-Deutschland-Was-das-fruehe-Aus-fuer-die-Bundesliga-bedeutet.html

Rohlmann, P. (2011). *Merchandising im Sport.* In G. Nufer & A. Bühler (Hrsg.), *Marketing im Sport. Grundlagen, Trends und internationale Perspektiven des modernen Sportmarketing* (2) Berlin: Erich Schmidt.

Transfermarkt. (2019). *Ewige Tabelle.* Zugriff am 10.11.2019. Verfügbar unter https://www.transfermarkt.de/1-bundesliga/ewigeTabelle/wettbewerb/L1/plus/?saison_id_von=2017&saison_id_bis=2017&tabellenart=alle

6 Tabellenverzeichnis

6.1 Tabellenverzeichnis